AF609955

NOTICE

SUR M. L'ABBÉ

J. MICHEL,

CHANOINE ARCHIPRÊTRE DE LA CATHÉDRALE DE NANCY,

VICAIRE GÉNÉRAL HONORAIRE, CHEVALIER DE LA LÉGION D'HONNEUR, ETC.,

SUIVIE

DE SON TESTAMENT.

NANCY,

AU BUREAU DE L'ESPÉRANCE,

RUE DE LA VISITATION, 25.

—

OCTOBRE 1842.

NANCY, IMPRIMERIE DE RAYBOIS ET Cie.

NOTICE

SUR

M. L'ABBÉ JEAN MICHEL.

L'année 1842, si féconde en malheurs privés et en désastres publics, laissera de pénibles souvenirs et de profonds regrets au cœur de la génération contemporaine. Dans ce cortége funèbre au milieu duquel notre vie s'écoule parmi les coups redoublés de la mort, que de nobles victimes cette mort impitoyable a brisées sous son char de triomphe ! Les familles ont pleuré, l'Eglise a pleuré, la France a pleuré !

C'est au milieu de ces douleurs que la ville et le diocèse de Nancy viennent d'être frappés à l'improviste d'un coup bien cruel dans la personne de M. Michel, ancien confesseur de la foi au bagne de Rochefort, puis successivement professeur et supérieur du séminaire de Nancy, vicaire-général honoraire, curé de la Cathédrale, décédé le 9 du courant. Après avoir pleuré sur la tombe de l'homme juste qui a quitté la terre pour aller recueillir dans un monde meilleur le prix de ses mérites, il convient d'environner sa mémoire de bénédictions, et de redire pour l'édification et la consolation de ceux qui restent, les vertus et les œuvres d'une vie qui fut précieuse devant Dieu et devant les hommes. On nous fait espérer que cette vie sera écrite avec quelque étendue, et que le serviteur de Dieu ne restera pas dans l'oubli où il aurait voulu s'ensevelir. Nous ne faisons donc aujourd'hui que préluder faiblement et brièvement à cette publication désirée ardemment par le clergé et les fidèles de la Cathédrale, de la ville de Nancy, de tout le diocèse. Nous le faisons pour répondre à l'impatience bien légitime de tant d'amis qui pleurent un ami, de tant d'enfants qui veulent entendre parler de leur père, et qui se plaignent déjà d'un silence de 15 jours.

M. Jean Michel, naquit le 28 mars 1768, à Haraucourt, village de la souveraineté de Lorraine et du bailliage de Toul, qui fut le berceau de la famille d'Haraucourt, aujourd'hui éteinte, après avoir mêlé son sang à celui des princes souverains, et avoir donné plusieurs évêques à l'Eglise. M. Michel eut pour père Sigisbert Michel, et pour mère Marie Jacquemin, parents chrétiens et vertueux qui vivaient dans l'aisance et dans l'heureuse simplicité de la foi ; car à cette époque la foi faisait encore le bonheur des populations dans cette contrée de l'antique Lorraine, qui venait d'être réunie à la France après la mort de Stanislas-le-Bienfaisant, arrivée en 1766. Formé de bonne heure à l'intelligence, par la piété qui développe si bien et si vite l'esprit humain, le jeune Michel ne tarda pas à laisser entrevoir les germes précieux qu'il recélait dans son âme. C'est pourquoi, ses pieux parents n'hésitèrent pas à le confier aux soins de M. l'abbé Vautrin, qui desservait la chapelle de St.-Antoine, homme dont le nom mériterait d'être conservé et béni, quand il n'aurait fait que préparer un tel sujet pour le service des autels. Ce fut à 15 ans que cet excellent élève fut présenté et reçu au séminaire de Nancy, dirigé alors par des prêtres de la Compagnie de saint Vincent-de-Paul, nommés communément *Lazaristes*. Le supérieur de cet établissement était à cette époque M. Kersalaum : l'évêque du diocèse était M. de Fontanges. A cet âge, où, bien souvent, on ne connaît encore que le côté frivole de la vie, M. Michel avait déjà fait son cours d'études préliminaires, savait par cœur tout le Nouveau Testament, et même, ce qui paraît prodigieux, la Somme de saint Thomas d'Aquin. Sa vivacité naturelle, sa pénétration d'esprit, sa mémoire puissante, jointes à un travail opiniâtre, lui avaient fait parcourir d'un seul bond la moitié de la course. Loin de se ralentir au séminaire, cette capacité dont il était doué, et ce travail auquel il s'était livré, ne firent que prendre de nouveaux développements ; aussi, le jeune lévite, non moins instruit que pieux, devint bientôt répétiteur de théologie, et s'avança par degrés vers le sanctuaire qui était le but de ses efforts. Sans doute que, dans les pieux transports de son âme, il répétait d'avance ces belles paroles : *Je me suis réjoui lorsqu'il m'a été dit : Nous irons dans la maison du Seigneur* ; et ces autres encore : *J'entrerai à l'autel de Dieu, je m'approcherai du Dieu qui réjouit ma jeunesse.* Mais cette faveur ne devait pas encore lui être accordée de sitôt. La Providence, qui le destinait à remplir un rôle important dans l'Eglise, et qui le jugeait déjà mûr pour les tribulations, voulait auparavant lui faire goûter les amertumes de la croix, et le faire passer, si je puis le dire ainsi, à travers le martyre.

Depuis longtemps, le nuage des doctrines impies et anarchiques s'amoncelait sur la France. Enfin, cet ouragan se déchaîna avec une fureur sans exemple dans l'histoire des peuples civilisés. Comme toutes les classes de la société avaient plus ou moins trahi la vérité et le devoir, toutes furent châtiées cruellement, et dans cet immense mouvement, qui devait avoir pour résultat de faire disparaître les anciennes institutions, il arriva ce qui arrive ordinairement en pareilles circonstances, les mêmes événements qui servirent au châtiment du crime, servirent aussi à l'épreuve et au triomphe de la vertu.

Lorsque la révolution française éclata, M. l'abbé Michel avait déjà reçu l'ordre sacré du Diaconat. Bientôt les événements se précipitèrent. La *Constitution civile* du clergé installa le schisme dans l'Eglise de France. Les pasteurs restés fidèles à leur conscience furent destitués, puis bientôt après chassés, emprisonnés, obligés de fuir sur la terre étrangère, massacrés impitoyablement sur le sol de la patrie qu'ils rougirent de leur sang. Et puis, le mouvement anti-monarchique, se développant en ligne parallèle avec le mouvement anti-religieux, la France eut comme une vision de l'enfer, connue sous le nom de la *Terreur*. Alors, les schismatiques eux-mêmes ne trouvèrent pas grâce devant les bourreaux qui assassinaient leur patrie; les Eglises furent pillées, dévastées, profanées, démolies. *Incedo per ignes......* J'ai eu sous les yeux un ordre du comité du salut public qui prescrivait d'arrêter et de conduire à Paris l'évêque intrus des Vosges, comme *coupable d'avoir fanatisé les peuples!*

Pendant ces jours de désolation, que faisait l'abbé Michel? retiré dans sa famille, il observait la suite des événements et se réservait pour des jours meilleurs, quand il plairait à la Providence de les faire luire sur son pays. Pressé que nous sommes de parler de lui, nous n'avons pu nous procurer les renseignements désirables sur cette période de son existence, où caché dans le secret de la face du Seigneur, il partageait sans doute sa vie intime entre l'étude et la prière, et se résignait chaque jour à la persécution. Toutefois, il quitta Haraucourt pour revenir résider à Nancy, et c'est dans cette ville qu'il fut arrêté, le 19 avril 1793. Ici commence la longue série des souffrances de l'homme de Dieu, souffrances dont il fit, en 1796, le récit avec la verve d'un historien et la simplicité d'un apôtre, dans un écrit anonyme, intitulé : *Journal de la déportation des ecclésiastiques du département de la Meurthe.* Ce *Journal* a été réimprimé en 1840 par M. Raybois, pour l'édification des fidèles. Je n'ai donc pas à m'étendre sur cette belle partie de sa vie où l'on voit briller dans tout son éclat l'héroïsme des anciens confesseurs de la foi chrétienne.

Arrêté, comme nous avons dit, le 19 avril 1793, et déposé dans le couvent des Tiercelins, dont on avait fait pendant quelque temps un séminaire pour les adhérents de l'évêque schismatique Lalande, M. Michel fut transféré le 8 mai dans la maison des *Grandes-Carmelites*, où il resta jusqu'au 27 mars 1794. C'était sous la tyrannie de Robespierre. En vain l'abbé Michel objecta que, n'étant pas prêtre, et n'ayant jamais été salarié ni pensionné de la nation, il ne pouvait être compris dans la proscription des prêtres réfractaires et émigrés, il lui fut répondu : *Tu partiras.* Dès lors, son unique pensée fut de s'immoler à Dieu, et cette immolation fut renouvelée chaque jour, jusqu'au 14 avril 1795, où un petit nombre de déportés sortirent de ce purgatoire vivant, dans lequel ils avaient été entassés à Rochefort (1). Ce fut le 30 du même mois que les généreux confesseurs de J.-C. rentrèrent à Nancy.

Brisés par tant de souffrances, ils avaient bien mérité de goûter quelque repos et de se préparer à continuer leur sainte carrière, en face d'un avenir sans cesse menaçant. M. Michel trouva un asile paisible au sein d'une famille honorable de l'Alsace. M. le baron de Boulach l'accueillit avec tous les égards dus à de grandes vertus éprouvées par de grandes souffrances, et lui confia l'éducation de ses enfants. Heureuse famille, à qui il fut donné de posséder l'homme de Dieu, c'est à vous de publier tout ce que vous avez remarqué en lui de capacité et de vertus! En se livrant au travail quotidien de l'enseignement dans cette maison respectable, M. Michel tourna encore l'activité de son esprit vers la

(1) Sur 48 ecclésiastiques du département de la Meurthe déportés à Rochefort, 38 moururent martyrs ; 24 étaient pourtant dans la force de l'âge.

langue allemande, qu'il apprit assez bien pour lire les livres et les recueils écrits dans cet idiôme, et pour le parler couramment jusqu'à la fin de sa vie. Il trouva ainsi un nouveau moyen de se rendre utile plus tard dans notre diocèse, dont une partie assez considérable parle la langue allemande.

Pendant cette nouvelle période, les événements avaient marché. La France relevait ses ruines et se livrait à un travail de réorganisation sous la main de fer du jeune héros de l'Italie. Le concordat avait été conclu : des évêques étaient canoniquement institués ; les églises rouvertes se remplissaient de fidèles; les prêtres rappelés de l'exil se hâtaient de venir repeupler le sanctuaire. M. d'Osmond, placé sur le siége de Nancy, comprit qu'il fallait, après de si grands maux, s'entourer d'hommes capables de les réparer. Pendant que, sous sa haute direction, MM. Brion et Bernard recomposaient le diocèse, M. Michel, ordonné prêtre en 1802, fut placé la même année, par le prélat, à la tête du séminaire. C'était la même maison où il avait fait ses études ecclésiastiques avant la tourmente révolutionnaire. Mais elle était alors dévastée et déserte. Environné de quelques hommes pieux, mais usés par les années et brisés par les souffrances, tels que le père Amé, M. Latasse, M. Donzé, M. de Malartic, de bonne et sainte mémoire, son rôle devient capital : il est tout à la fois, en réalité, professeur, économe, supérieur. L'immense activité de son esprit se déploie et suffit à tout. Il provoque les vocations, il se procure des ressources matérielles dans la charité des fidèles, en face d'un Gouvernement plus soupçonneux que bienveillant, qui se contentait quelquefois de laisser faire, et qui souvent tracassait l'administration épiscopale : il enseigne, il achète, il bâtit, il devient l'homme universel, le créateur du séminaire et le père d'une nouvelle génération sacerdotale. Pour se faire une idée de tout ce que notre contrée lui doit, il faut se rappeler qu'à cette époque et jusqu'en 1823, les départements des Vosges et de la Meuse étaient, avec le département de la Meurthe, réunis sous la juridiction de l'évêque de Nancy, et que pendant plusieurs années le nombre des élèves du séminaire s'éleva jusqu'à 300. Il faut se rappeler aussi les événements multipliés qui bouleversèrent de nouveau la France ainsi que l'Eglise, et mirent les établissements religieux à deux doigts de leur ruine. C'est dans ces fonctions qu'il déploie les ressources que son esprit supérieur et sa mémoire prodigieuse avaient acquises par de longues études. Toujours à l'œuvre, il ne connaissait presque pas le repos. Il fallait qu'il fût bien malade pour n'être pas le premier aux exercices de la communauté. Mais heureusement il était doué d'une santé excellente, malgré des infirmités précoces qui étaient chez lui comme le vénérable sceau du martyre. Pendant tout le temps qu'il présida au séminaire, il ne fit, je crois, que deux maladies sérieuses. Dans l'administration, la sagesse d'un vieillard, dans l'enseignement, la vigueur et la verve d'un jeune homme, jointe à une grande limpidité d'esprit qui excellait surtout à définir, à diviser et à démontrer ; dans la direction, la bonté d'un père, malgré une sévérité apparente qui tenait à la vivacité extrême de son caractère : voilà ce que nous avons tous vu en lui, nous autres prêtres de la génération nouvelle, qui avons passé sous sa direction les heureuse années de notre noviciat clérical. Tous, nous pouvons attester quelle ardeur il savait nous inspirer pour les bonnes études littéraires et scientifiques, quel amour pour la piété et toutes les vertus sacerdotales, dont il était un modèle vivant au milieu de nous. C'est de son école qu'est sortie cette légion de pasteurs respectables qui peuplent les trois diocèses, et tant d'autres que le zèle divin a emportés dans toutes les contrées du monde pour y évangéliser les *vrais biens*. Honneur et reconnaissance à l'homme de Dieu ! Voilà tout ce que je puis dire ici. D'autres auront le temps de raconter les détails pour la consolation du clergé et l'édification des fidèles.

Cependant, sa carrière ne devait pas se borner à ce genre d'occupations obscures aux yeux du monde, et connues seulement du clergé. Il fallait que cette lumière fût mise sur le chandelier et brillât aux yeux des fidèles. A l'époque où M. de Frayssinous fut placé, par Louis XVIII, à la tête des affaires ecclésiastiques, il apprit bientôt à connaître le modeste supérieur du séminaire de Nancy, dont tant de bouches publiaient le mérite. Juste appréciateur des hommes, l'illustre Prélat lui fit proposer, par un de ses anciens élèves, devenu alors député, d'accepter la dignité épiscopale. Mais toutes les sollicitations vinrent se briser contre son invincible humilité, et le diocèse de Nancy conserva le prêtre qui faisait sa gloire. Quelque temps après, lorsque Mgr de Forbin-Janson devint évêque de ce diocèse, il ne crut pas pouvoir mieux faire que d'honorer M. Michel d'une confiance toute particulière, dont il lui donna des preuves multipliées. A la mort de M. Bernard, il songea sérieusement à le nommer vicaire général ; mais ici encore l'humble prêtre gagna son procès, et se réjouit de rester dans sa solitude. Enfin le moment arriva où il dut en sortir. Ce qu'il aurait refusé comme un honneur, il l'accepta comme un sacrifice, dans des circonstances critiques. M. Michel se dévoua donc au bien de l'Eglise, le séminaire fut dans le deuil, et le digne supérieur fut donné par son évêque, pour pasteur à la Cathédrale de Nancy. Ah! puissent ces touchants souvenirs, attendrir les âmes et leur inspirer de justes sentiments de reconnaissance !

Tel est l'homme que, depuis 1826, le monde a vu à l'œuvre dans ses fonctions de pasteur. C'est à sa paroisse, c'est à la ville de Nancy tout entière à publier tout ce qu'il a dit, tout ce qu'il a fait pour le bien, l'influence toujours croissante qu'il a obtenue, cette royauté merveilleuse que son zèle et sa charité sans bornes lui avaient conquise sur les cœurs, les consolations et les bienfaits qu'il a versés dans toutes les classes sociales, les conseils prudents qu'il a donnés à tous les âges, et sa coopération active à tous les genres de bonnes œuvres, qui illustrent la ville de Nancy, surtout à l'œuvre éminemment sociale des Frères de la Doctrine chrétienne qui se soutient par la charité publique jusqu'à ce que les esprits soient assez calmes et impartiaux pour lui accorder le droit de cité.

Depuis 1826, de grands événements se sont accomplis au sein de notre patrie : bien des hommes et bien des choses ont changé pendant ce drame colossal qui a modifié profondément nos institutions. M. Michel, type du vrai pasteur, n'a pas eu besoin de changer pour se mettre à l'unisson des nouveaux besoins sociaux; sa vieille expérience lui avait appris que tout ici-bas est dans un mouvement perpétuel, et qu'au milieu des discordes des hommes, la Foi et la Charité sont le vrai champ d'asile où ils viennent finalement se réfugier. Son programme était donc tout tracé, il n'a eu qu'à le suivre comme il l'avait toujours fait. Cet homme qui avait affronté la mort avec la force du lion, se posa en face des passions humaines avec la douceur de la colombe et la prudence du serpent. Combien de cœurs n'a-t-il pas adoucis! Combien d'opinions n'a-t-il pas calmées! Tel est l'ascendant que donne la Religion à celui qui honore un caractère sacré par des vertus vraiment évangéliques.

Au milieu de ses occupations nombreuses, M. Michel n'avait pas perdu de vue deux choses toujours chères à son cœur, le clergé dont il était le père et le modèle, et qui affluait chez lui comme à la maison paternelle, sa bibliothèque qu'il avait créée, aussi bien que celle du séminaire, avec des soins infinis. C'est avec ses livres qu'il aimait à se délasser dans les rares instants que lui laissait son ministère. Sa bibliothèque était la seule chose dont il parût tirer quelque vanité, au milieu de ce concert d'éloges dont le monde l'environnait. On ne pouvait guère entrer chez lui sans le trouver occupé à lire ou à écrire quelque chose. Pour une âme si active, l'oisiveté aurait été insupportable. Aussi, souvent lui est-il arrivé de nous recevoir avec un air contrarié, qui nous faisait comprendre que nous l'arrachions à ses plus douces jouissances. Mais bientôt après, il reprenait une figure riante, nous embrassait avec effusion et se prêtait de bonne grâce à nos importunités. Sur la fin de sa vie, il s'était restreint à l'achat de livres rares et de manuscrits précieux, à moins qu'il ne voulût encourager quelque nouvel auteur dont il connaissait les bonnes intentions (1).

Mais il faut finir cette notice déjà trop longue, malgré le désir que nous aurions de la prolonger encore. Cet homme selon le cœur de Dieu, que le monde lui-même avait assez apprécié pour lui accorder la décoration due au mérite, reçut une dernière grâce du ciel, celle de voir approcher sa fin. Depuis quelque temps, il sentait ses forces s'affaiblir et ne parlait plus que de sa mort prochaine. Aussi, il disposa tout en conséquence, et se trouva prêt quand la mort se présenta. Son testament est un monument précieux de sa foi, de sa piété, de charité in-

---

(1) Nous devons rappeler ici les peines incalculables que s'est données M. Michel pour l'impression des nouveaux livres liturgiques tels que Bréviaires, Missels etc., sans compter le Directoire qu'il rédigeait annuellement lui-même. Non content d'y consacrer tous les instants dont il pouvait disposer, tout le monde sait que lui seul fit les frais de cette publication, et qu'il dota ainsi le diocèse, avec un désintéressement au-dessus de tout éloge de livres qui ont fait faire un pas à la liturgie du XVIIIe siècle vers la liturgie romaine. (*Note de l'Espérance.*)

telligente, et de son ardent amour pour l'Eglise. Toutefois, il ne suspendit pas un instant ses travaux ; le jour même où il fut saisi mortellement par la maladie, le samedi, 8 octobre, il avait dit sa messe à six heures comme à l'ordinaire, et entendu les confessions jusqu'à midi. Après un léger dîner, le mal se déclara d'une manière effrayante. Tout l'art de la médecine fut impuissant. Le malade passa le reste de la journée et la nuit tout entière dans des tremblements convulsifs. L'apoplexie avait ravagé tout l'organisme. Enfin, le lendemain entre 9 et 10 heures, il rendit à Dieu cette belle âme qui n'avait vécu que pour lui.

Reposez en paix, ô vous qui avez été l'homme de Dieu, l'homme du clergé, l'homme du peuple ; reposez en paix, ô notre père bien-aimé, dans ce cimetière auquel votre dépouille mortelle vient de donner une nouvelle consécration. Souffrez que, pour nous consoler, nous mêlions vos louanges à nos larmes. Votre trépas a été beau comme votre vie a été belle. Nous vous avons vu sur votre lit funèbre, et il nous semblait que vous dormiez du sommeil du juste ; c'est en déposant un dernier baiser sur votre front glacé que nous avons reconnu la main de la mort ! Sans doute, ce moment a été précieux pour vous, c'est l'heure du repos et de la récompense qui a sonné : mais qu'il a été cruel pour nous ! Les regrets universels n'ont-ils pas été attestés par toute cet immense population qui s'est pressée à votre convoi funèbre, et par plus de cent prêtres accourus à la hâte et réunis au premier pasteur pour former votre cortége. Bien d'autres s'y seraient trouvés, si le temps ne leur eût manqué pour s'y rendre. Je n'ai pas voulu vous louer dignement ; cette tâche est au-dessus de moi. J'ai seulement voulu dire quelque chose de votre vie pleine de mérites. Ah ! s'il s'agissait de vous louer, tous les cœurs seraient attendris, toutes les plumes éloquentes.

Puissent ces quelques lignes, tracées à la hâte, soulager

la douleur de ceux qui vous aiment, et adoucir les regrets déchirants d'une famille respectable, où vous comptez plusieurs membres héritiers de votre sacerdoce, gardiens de votre mémoire et émules de vos vertus !

L'abbé Delalle.

Nous donnons à la suite de cet article le testament de feu M. l'abbé Michel : le lecteur verra en parcourant ces lignes que, non content d'avoir fait le bien pendant sa vie, notre regretté pasteur a voulu encore que, longtemps après sa mort, ses bienfaits pussent se répandre sur ses chers paroissiens, sur ces associations religieuses et charitables auxquelles il prenait un si vif intérêt, sur cet enseignement ecclésiastique objet des sollicitudes de toute sa vie, sur ces écoles chrétiennes qu'il soutint avec un zèle si ardent.

Sans doute son humilité eût voulu dérober au monde des bonnes œuvres qu'il ne faisait qu'en vue de satisfaire les penchants si charitables de son cœur, qu'en vue surtout de suivre les préceptes d'une Religion dont il fut un des plus dignes ministres. On a cru, cependant, pouvoir s'écarter de ses intentions ; l'exemple de la charité chrétienne est trop beau pour le dérober à tous les regards et le moment est venu de placer sur le chandelier cette lampe ardente qui, par humilité, cherchait toujours à nous cacher ses rayons.

TESTAMENT DE M. L'ABBÉ MICHEL.

In nomine Patris et Filii et Spiritûs sancti.

Moriar morte justorum, et fiant novissima mea horum similia!

In manus tuas, Domine Jesu, commendo spiritum meum; dic animæ meæ: Salus tua ego sum.

Maria, Mater gratiæ, me horâ mortis benigna suscipe!

Angele Dei, qui custos es meî, in extremo luctamine me potenter custodi!

Patrocinio tuo, sancte Joannes, fac me tecum in sinu Jesu recumbere, per omnia sæcula sæculorum! Amen.

Je soussigné Jean Michel, chanoine-curé de la Cathédrale de Nancy, ayant médité devant Dieu sur l'incertitude de la vie, et voulant mettre par écrit mes dernières volontés en cas de mort, ai rédigé, après la plus mûre délibération, le présent acte, entièrement écrit de ma main, dont je veux que tous les articles soient fidèlement et ponctuellement exécutés après ma mort; ce sont :

Art. premier. Mes légataires universels, institués et dénommés plus bas, pour tout ce qui restera de ma succession après l'acquittement des legs particuliers que je vais ici spécifier, feront distribuer, le jour même de mon inhumation ou le plus près possible, aux pauvres de la ville, des bons pour trois cents kilogrammes de pain bis, avec une centaine de francs en monnaie.

Art. 2. Le plus tôt qu'il se pourra après mon décès, lesdits légataires remettront, 1° à la Supérieure des Dames de Charité de la ville neuve de Nancy, la somme de deux cents francs avec tout mon linge de corps qui m'aura servi, et six paires de draps, pour être employés par elle au soulagement des pauvres malades dont elle prend soin conjointement avec ses coassociées;

2° A la Supérieure des Dames de Charité de Haraucourt, mon lieu natal, la même somme de deux cents francs avec quatre paires de draps, pour être employés par elle au soulagement des pauvres malades de ce lieu, et je désire qu'une fois en chacune des dix années qui suivront mon décès, elles récitent pour moi un *De Profundis*, à la fin d'une de leurs pieuses réunions à l'église;

3° Au trésorier de la Société de Saint François Régis établie à Nancy, à celui de la Société nancéienne *Foi et Lumières*, et à celui de l'Association de Saint Vincent de Paul à Nancy, deux cents francs à chacun, et je désire que, pendant dix ans, mon nom continue après ma mort, d'être porté sur la liste des membres de ces trois religieuses associations, pour avoir devant Dieu quelque part à leurs bonnes œuvres;

4° A la Préfète de la Congrégation de ma paroisse, à la Supérieure de la Visitation de Nancy, à celle des Orphelines, à celle du Bon-Pasteur, et à celle de l'Espérance, cent francs à chacune de ces cinq personnes, et je me recommande à leurs prières;

5° Deux cents francs au chef de la collecte pour la Propagation de la Foi;

6° Cinquante francs à l'Association du Sacré-Cœur de la Cathédrale, et autant à la Confrérie de Saint-Fiacre dans la même paroisse.

Art. 3. Les mêmes légataires feront dire, dans l'année de mon décès, pour le repos de mon âme et de celles de mes parents défunts, six cents messes, dont deux cents seront données aux Chartreux de Bosserville avec une rétribution de six cents francs : dans la distribution des quatre cents autres messes, on pensera particulièrement aux prêtres du diocèse qui auraient le plus de besoin.

Art. 4. Une somme de dix mille francs, qui surpasse la valeur des biens que je tiens de ma famille, sera prise sur ma succession et répartie par égale portion, et dans un délai qui ne gêne pas mes légataires universels, à chacun de mes neveux et nièces nés immédiatement de chacune de mes trois sœurs Marie-Anne, Elisabeth et Thérèse Michel, lesquels seraient en vie ou auraient laissé des enfants pour les représenter.

Art. 5. — Je lègue à la fabrique de la paroisse Notre-Dame en l'église Cathédrale de Nancy, et je veux qu'on transfère en son nom, si déjà je ne l'ai fait moi-même, deux inscriptions cinq pour cent sur l'Etat..., formant un total de sept cents francs de rentes annuelles et perpétuelles, avec l'obligation expresse et invariable pour ladite fabrique d'employer de la manière suivante ce revenu, dont, dans tous les cas, elle conservera pour elle annuellement soixante francs. 1° Elle remettra, chaque année, au Curé de la paroisse Notre-Dame la somme de trois cents francs, sans aucune diminution, laquelle ledit Curé emploiera, soit pour soutenir dans sa paroisse les écoles chrétiennes proprement dites, tant qu'il jugera qu'il y a lieu et besoin, soit pour donner un ou plusieurs prix annuels ou récompenses d'encouragement à de jeunes garçons de peu de fortune et de sa paroisse, qui, à l'âge de vingt ans, auraient persévéré dans la pratique de leurs devoirs religieux et mériteraient l'estime des gens de bien. 2° Ladite fabrique, après avoir retenu à son profit soixante francs sur le produit annuel des inscriptions ici léguées, produit qui pourrait varier selon les cas et les taux d'une réduction, emploiera, de concert avec le Curé, le restant pour les honoraires de cinq sermons, lesquels annuellement, dans les mois de novembre ou décembre, ou en un autre temps qui serait jugé plus opportun, seraient prêchés dans l'église Cathédrale, par un ou plusieurs prêtres du diocèse de Nancy et non d'ailleurs, qui, néanmoins, ne résideraient ni à Nancy ni à Lunéville, mais que Mgr. l'Evêque conjointement avec le Curé de la Cathédrale et le Supérieur du séminaire, désignerait un an d'avance parmi les prêtres diocésains les plus capables de remplir convenablement cette importante fonction. L'honoraire de chaque sermon serait le cinquième du restant dont il s'agit ci-dessus; et si un de ces sermons venait à manquer, la portion qui lui serait advenue serait employée par le Curé à une autre œuvre religieuse qu'il jugerait convenable. Mon intention en ceci est de stimuler le perfectionnement de l'éloquence sacrée dans le diocèse et de procurer l'avantage religieux de la ville de Nancy. Je désire qu'à la fin d'un de ces sermons on récite en chaire un *De Profundis* pour moi. 3° La fabrique fera dire tous les ans, dans le mois de la rentrée des écoles, une messe basse pour le repos de mon âme. L'annonce en serait faite au prône le dimanche précédent; et, en même temps, pourrait être proclamé le nom du jeune homme qui aurait obtenu le prix dont il s'agit ci-dessus, dans la première charge imposée à la fabrique, si le Curé se croyait dans le cas de faire un tel emploi des trois cents francs qui sont à lui remettre.

Art. 6. Les gages des personnes à mon service seront doublés pour l'année de ma mort, et seront payés intégralement sans aucune fraction pour le temps. Si Marie-Anne Colin est encore chez moi, ses gages de deux cents francs continueront de lui être payés annuellement pendant toute sa vie.

Art. 7. Si quelqu'un des legs précédents ne peut obtenir son entière exécution, je veux expressément que la somme formant ce legs rentre dans le reliquat de ma succession pour en faire partie conjointement avec tout ce qui restera de mes possessions quelconques en biens immeubles, meubles, argent, billets, rentes et toutes autres choses. S'il y a pour cette remanence, je nomme et institue comme mes légataires universels mes deux neveux, Joseph Simonin, curé de St.-Vincent et St.-Fiacre, Marin Simonin, son frère et son vicaire, et avec eux ma nièce Antoinette Henri, dite sœur Pauline, de manière qu'à mon décès, ils jouissent entre eux trois, aux mêmes droits et titres que moi, de tout ce reliquat de ma succession après les legs particuliers. Si un des trois décédait avant moi, les survivants jouiraient de tous les droits de mes légataires universels ; je les charge de continuer à mon petit neveu Joseph Voinier, élève actuel du petit séminaire, les mêmes soins et secours dont je le soutiens, si néanmoins il persévère d'une manière satisfaisante dans la carrière ecclésiastique qu'il a commencée. Je les charge en outre de faire toutes les démarches et de payer tous les frais que demanderaient l'exécution de toutes mes précédentes volontés.

Art. 8. — Je lègue au séminaire diocésain de Nancy et je veux qu'on transfère en son nom, mes trois inscriptions de rentes cinq pour cent sur l'Etat..., formant un total de sept cent quatre-vingt-trois francs de rentes consolidées, à la charge et condition expresse que le séminaire emploiera annuellement et à perpétuité le revenu desdites inscriptions aux deux objets qui vont suivre :

1° A une bourse en faveur d'un jeune homme, qui par son esprit et son cœur donnerait des marques non équivoques de vocation à l'état ecclésiastique, et qui, par là, serait admis gratuitement à faire ses études, soit dans le petit séminaire pour une classe supérieure à la cinquième, soit dans le grand séminaire après sa sortie du petit, ou même en premier lieu dans le cas que son instruction précédente fût jugée suffisante : il jouirait de cette bourse pendant toute la durée de son éducation ecclésiastique, à moins qu'il ne fût par l'autorité compétente déclaré incapable ou non digne de la continuer, ou que n'arrivât le cas d'exception dont il va être question. Cette bourse serait appliquée de préférence à un jeune homme de ma famille, s'il s'en présentait un ; et celui-ci en jouirait dès l'année même de sa présentation, quand même elle aurait été accordée à un étranger à ma famille, lequel alors cesserait d'en jouir. S'il ne se présentait aucun de ma famille qui fût admissible, ou si, par le laps du temps, la consanguinité devenait trop difficile à constater, le curé de Haraucourt, près St.-Nicolas, aurait le droit d'en présenter un de sa paroisse où d'un myriamètre à la ronde.

2° Le second emploi du revenu ici légué est un prix annuel en faveur d'un ou de deux prêtres du diocèse de Nancy, qu'un jury composé par Mgr l'évêque, de sept ou huit d'entre ses anciens ecclésiastiques, jugerait à la majorité des deux tiers des voix avoir le mieux travaillé pendant l'année sur l'un des sujets suivants :

1° Sur la Sainte Ecriture et les langues orientales de ses textes ou de ses premières versions ; 2° Sur les ouvrages des Saints-Pères, et des auteurs ecclésiastiques. 3° Sur l'histoire et la liturgie de l'Eglise en général, ou de l'ancienne église de Toul en particulier. 4° Sur la vie des saints ou personnages célèbres dans notre pays, ainsi que sur l'archéologie religieuse ou profane de la Lorraine. 5° La composition d'un livre propre à édifier les fidèles, à répandre parmi eux la connaissance et la pratique de la religion et de ses diverses observances, en un mot à les préserver contre le torrent de l'incrédulité, de l'indifférence, de l'ignorance et du libertinage. Ce prix serait du restant des inscriptions après l'acquittement de la bourse ; l'*Ordo* du diocèse énoncerait celui qui l'aurait obtenu.

Ecrit de ma main et signé par moi, à Nancy le 6 mai 1842.

JEAN MICHEL,
curé de la Cathédrale.

www.ingramcontent.com/pod-product-compliance
Ingram Content Group UK Ltd.
Pitfield, Milton Keynes, MK11 3LW, UK
UKHW020412250726
13967UKWH00006B/2603